leykam: *seit 1585*

MICHAEL KÖHLMEIER

Dr. Melchiors lustige Tiere

leykam: *Belletristik*

Für Lorenz

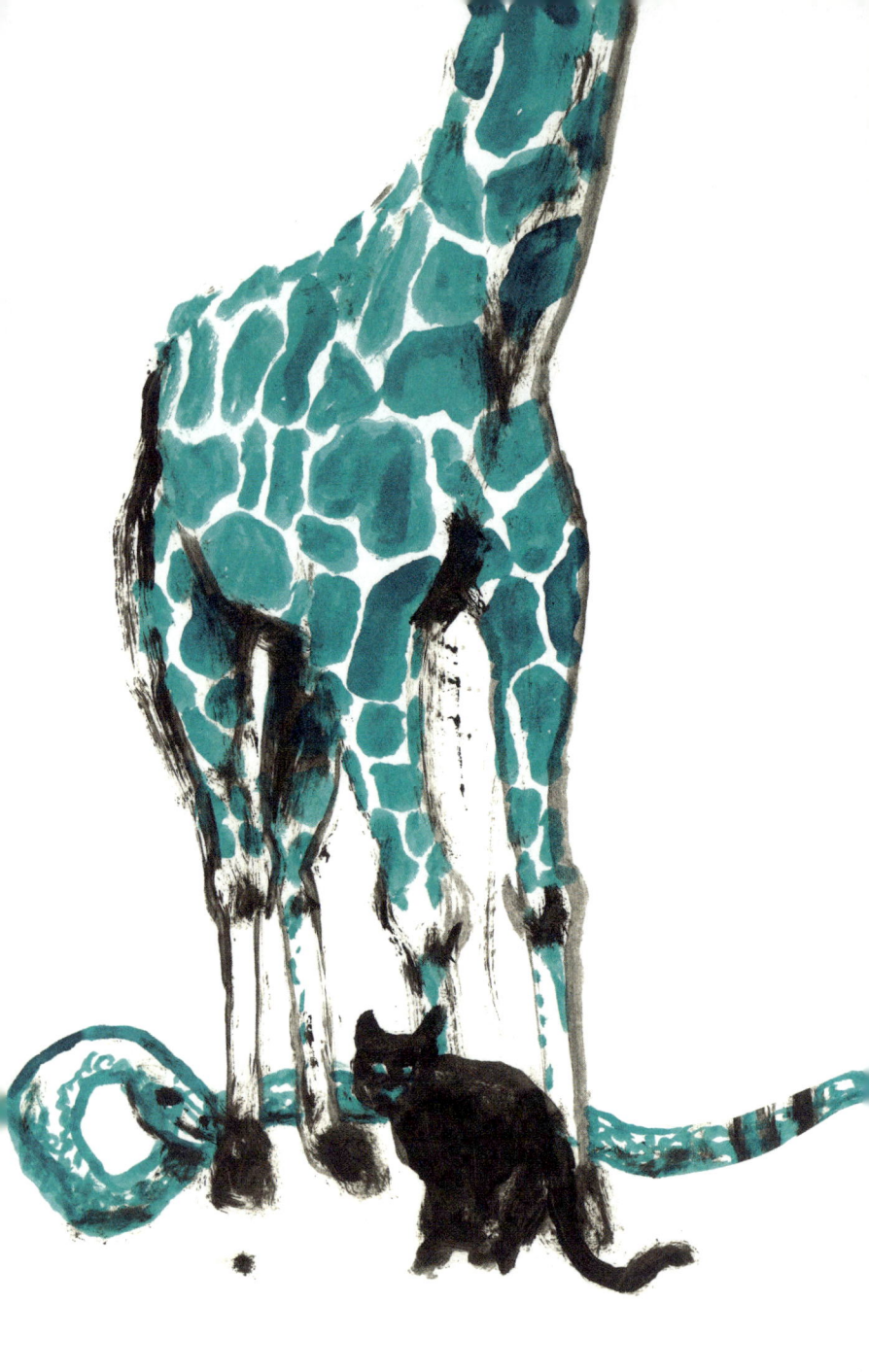

I

Mir kommt die Fauna seltsam vor.
Drum frag ich Doktor Melchior.
Der zeigt mir alle Viecher her,
als ob er selber eines wär.

2

Er rät mir: Quäle nie ein Tier
zum Scherz! Ich bitt', versprich es mir!
Versprich mir, bitte, du entfernst
ihm Leib und Seele nur im Ernst!

3

Und wenn der Ohrwurm hungrig ist,
erweise dich als Humanist:
Am liebsten speist er Ohrenschmalz,
des Blutdrucks wegen ohne Salz.

4

Der Wurm, der in den Därmen haust,
mag's, wenn du oben gründlich kaust.
Dann dankt er dir, wie du dem Herrn,
für Speis und Trank und hat dich gern.

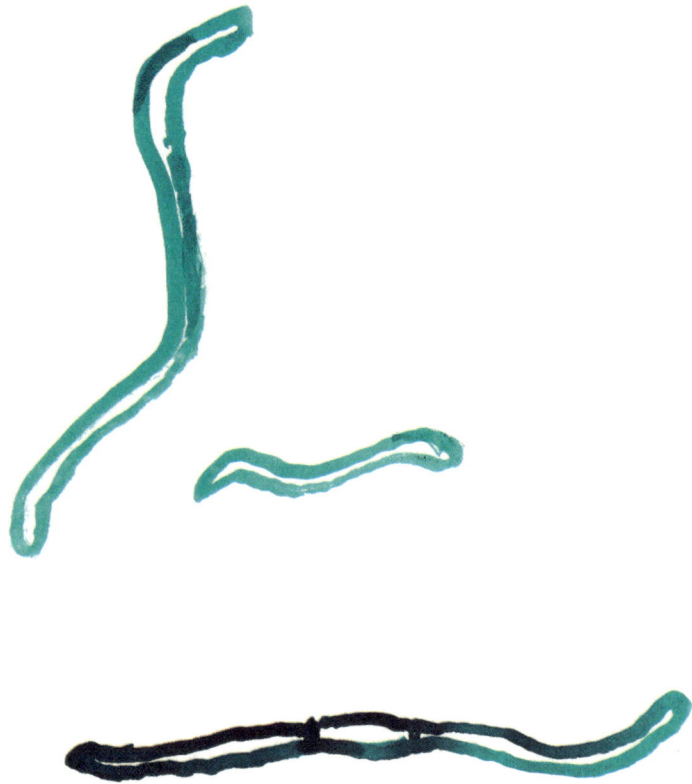

5

Von Fröschen hört man hie und da,
dass einer einen Engel sah.
Der rief zu seiner Gattin: »Horch!«
Der Engel aber war ein Storch.

6

Giraff' trifft Saurier in der Stadt:
Ob Noah sich gemeldet hat?
»Wieso?«, fragt Saurier finst'ren Blicks.
Drauf die Giraffe: »Nix, du, nix.«

7

Der Buchsbaumzünsler wird gehasst,
nicht ganz wie Hitler, aber fast.
Wenn's einen Aufruf geben würd',
dass er verschwänd', schon wär er fürt.

8

Der Tiger tigert voller Gier
von Osnabrück hinab nach Trier.
George Clooney macht das wenig Stress,
denn er wohnt in Los Angeles.

9

Es riecht der Hund naturgemäß
besonders rassig am Gesäß;
die Katze leckt sich, zum Vergleich,
den Anus frei von Kot und Seich.

10

Der Schmetterling ist unerreicht,
obwohl er nicht dem Namen gleicht,
weshalb er gern nach England reist,
wo er die Butterfliege heißt.

11

Das Rhi, das No und das Cerus
ha'm Schwierigkeiten mit dem Kuss.
Denn das Rhinocerussenhorn
ist weiter als die Lippen vorn.

12

Delphine sind nur halb so smart,
wie unser Nachbar Eberhard,
dazu noch vor der eignen Frau,
betont, als wüsste er's genau.

13

So hungrig ist das Krokodil,
dass nie genug ist, was es will.
Ein l hat es sich abgebeißt,
weshalb es Krokodill nicht heißt.

14

Vermeide »Barsch« im Tiergedicht!
Was Frommes reimt sich darauf nicht.
Soll's unbedingt was Frommes sein,
dann setze das Lamm Gottes ein!

15

Das Nilpferd hasst den Menschen sehr
und tut sich doch beim Hassen schwer;
denn innen drinnen gibt es zu,
es wär gern auch so ein Filou.

16

Marienkäfer liebt das Kind,
weil sie so klein und niedlich sind.
Doch wehe, wehe, einer kriecht
dem Kind hinein, wo's übel riecht ...

17

Das Schnabeltier – pfui Teufel, nein!
Was fiel dem lieben Gott da ein!
Doch nimm die Maulwurfsgrille her –
ist die vielleicht sympathischer?

18

Das Mammut war mit Sicherheit
sehr lang, sehr hoch und auch sehr breit.
Da kommt doch im Vergleich der Zeck
fast eher mittelmäßig weg.

19

Der Hase läuft ins weite Feld,
weil hinter ihm ein Fahrrad schellt.
Dem Hasen aber klingt' s im Ohr,
als tönte es vom Höllentor.

20

Den Nordseelachs erkennt man leicht
daran, dass er kein bisschen keucht,
wie es die alten Schweizer tun,
wenn's heimwärts geht von Bern nach Thun.

21

Das Reh als Rücken auf dem Tisch,
die Kruste knusprig, innen rot,
schmeckt besser als verdorb'ner Fisch
und führt auch nicht so schnell zum Tod.

29

22

Den Apfelsaft stell besser hin,
da sind gepresste Würmer drin!
Denselben gilt mein Abgesang,
weil ihnen nicht die Flucht gelang.

23

Warum erscheint uns grad der Hecht
so ehrlich, glaubwürdig und echt?
Der eine meint, das bleibt geheim,
der andre sagt, es liegt am Reim.

24

Der Ziegenbart, der Ziegenfuß,
die ganze Ziege ist konfus,
die Augen sind geschlitzt und quer,
und stinken tut sie auch noch sehr.

25

Sag, haben Schwaben Raben gern?
Wenn ja, auf einem fernen Stern,
wo Schwab' dem Rab' die Eh' verspricht –
bei uns in Stuttgart sicher nicht!

26

Das größte Wesen ist der Wal.
Er braucht im Winter keinen Schal.
Gesetzt, er bräucht' ihn eben doch,
dann strickt' mein Urahn heute noch.

27

Da liegt sie zwischen Eis und Mann
und schaut den weiten Himmel an.
Das Eis ist weiß, der Himmel blau –
sie jammert mich, die Eisbärfrau!

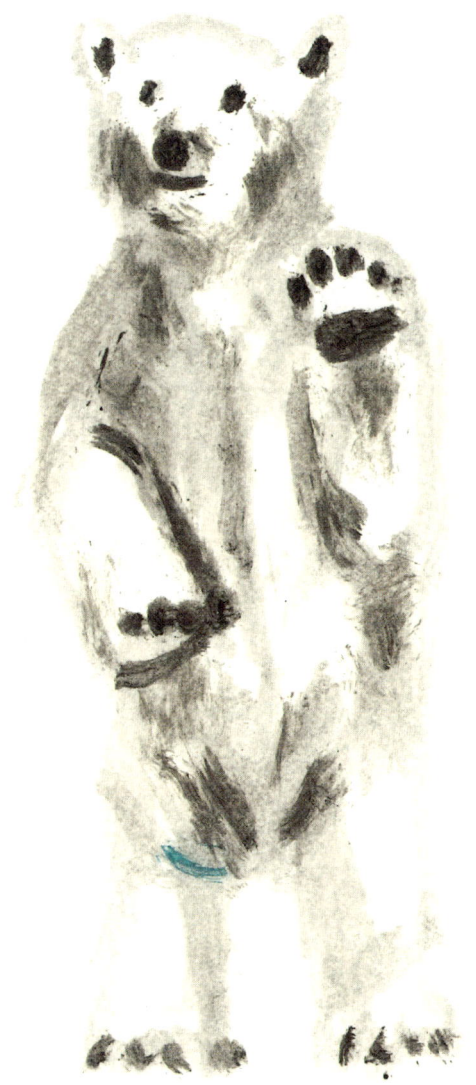

28

Die Mücke tut, als kennt sie nicht
von Brecht ein einziges Gedicht.
Vor dessen Werk ist sie gehemmt,
denn einmal war sie eingeklemmt.

29

Die grüne Mamba, meine Herrn,
so eine hätt' ich wirklich gern.
Die schöb' ich in das Hösenbein
von meinem bösen Feind hinein.

30

Sieh, hier das Walross, da der Spatz –
wer von den beiden braucht mehr Platz?
Die Antwort fällt, wenn man vergleicht,
bei knappem Wohnraum ziemlich leicht.

31

Ja, Himmelherrgottkruzifix,
das Zebra ist ein Ross, sonst nix!
Ja, glaubst du, dass es Reifen hat
statt Hufen, nur weil's Streifen hat?

32

Schau, was der alte Pavian
mit seinem roten Penis kann!
Doch fröhlich, wie sein Ständer winkt,
nützt er ihm gar nichts, wenn der stinkt.

45

33

Es sieht das Pferd des Nachts von vorn
aus wie die Kuh, nur ohne Horn.
Die Kühe wirken auch bei Licht
wie Kühe und wie Pferde nicht.

34

Die Spinne legt in dunkler Nacht
die Eier, die sie mitgebracht,
dir in die Gosch'n, wenn du ruhst
und ohne Ahnung schnarchen tust.

Der Krebs, wird er gekocht, ist rot.
Der Klaus, wird er gekocht, ist tot,
jedoch nicht rot. Es folgt daraus:
Er ist kein Krebs, er ist der Klaus.

36

Korallen kennt man kaum als Tier.
Das rote Zeug verwenden wir,
um uns von Hälsen, dreist und feist,
schnell abzuwenden hin zum Geist.

37

Ein böses Schimpfwort heißt: »Du Schwein!«
Ein bessres könnt: »Du Motte!« sein.
Von mir aus sag's dem Schwein ins G'sicht!
Der Lotte aber bitte nicht.

38

Der ordinäre Haushund kennt
den tief'ren Sinn nicht, wenn er rennt.
Der Hausherr hetzt ihn her und hin.
Auch er kennt nicht den tief'ren Sinn.

53

39

Kaum trafen wir in Salzburg ein,
da brunzte uns ein Hund ans Bein.
Wir waren so was von empört!
Die Stadt hat ihren Ruf zerstört!

40

Die Augen von der Eule sind
zum Fürchten für ein kleines Kind.
Die Katz hingegen fürchtet sich
vor kleinen Kindern fürchterlich.

41

Der Affe, allgemein geseh'n,
kann spielend vor dem Mensch besteh'n.
Ein Bursch mit Schmiss im Angesicht,
im Einzelnen betrachtet, nicht.

42

Die Stubenfliege wär ein Bär,
wenn sie aus Pelz und größer wär
und anders hieße obendrein –
zum Beispiel: kleines Bärelein.

43

Der Bundespräsident isst heut
gebrat'nen Barsch mit Salz bestreut.
Mit seinem Finger bohrt er dann
dem Reim zum Trotz im Backenzahn.

44

Das Fadeste ist ganz gewiss
ein ordinärer Fliegenschiss;
aroma- und auch säurereich
hingegen: Dinosaurierseich.

45

Fahr nicht an Düsseldorf vorbei!
Hier lebt ein Typ von Papagei,
der spricht den Heinrich Heine in-
und auswendig laut vor sich hin.

46

Ich kackte einen Fadenwurm,
der löste in mir einen Sturm
der fröhlichsten Begeist'rung aus.
Gleich kackt' ich einen zweiten aus.

47

Man hört so oft, das Känguru
wär statt geöffnet lieber zu.
Na gut – denk ich an meinen Bauch,
muss sagen, das versteh' ich auch.

48

Beurteil' die Bakterien
nach günstigen Kriterien!
Viel zahlreicher in dir sind sie
als Sterne in der Galaxie.

49

Im Haus hat eine Maus gewohnt,
die hat der Hausherr einst verschont.
Vom Himmel kam dafür kein Dank –
die Maus ist tot, der Hausherr krank.

50

Der Wolf geht manchmal in die Stadt,
weil er dort eine Freundin hat,
die ihrerseits verliebt ist in
den Fuchs, so geht es her und hin.

51

Es sei die Filzlaus am Gemächt
moral- und hygienisch schlecht.
Das hat ein Philosoph gesagt,
den schon seit langem eine plagt.

52

Der Dackel ähnelt kaum dem Hund.
Er wirkt charakterlich nicht rund
und sieht, steht er im Treppenhaus,
wie eine Nähmaschine aus.

53

Der Hirsch ist stolz, das ist nichts Neu's.
Einst saß auf ihm der Vater Zeus.
Den Hinternabdruck sieht man noch,
die kleine Beule war das Loch.

54

Der Flughund blufft nur, glaubt es mir.
Er tut, als wäre er ein Tier,
und ist, auch wenn's euch nicht gefällt,
ein Teppich, der vom G'länder fällt.

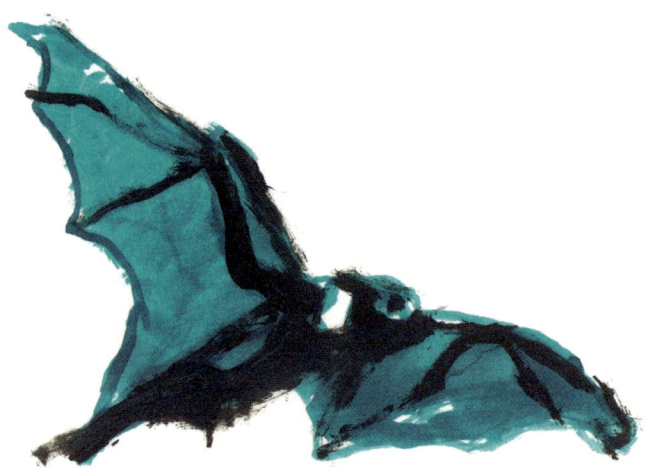

Herr Oberst hot 'nen Ozelot,
der oinen kloinen Fehler hot.
Das Maul ist rund als wie ein O,
und darom red't der Oberst so.

56

Ein Abendessen aus Forell,
und Zwie und Back, das kocht sich schnell,
ergibt jedoch noch kein Menüt,
obwohl es lecker klingen tüt.

Es war einmal ein Engerling,
der kroch in einen Ehering.
Er fraß und konnte nicht aufs Klo.
Es wurde eng. Drum heißt er so.

58

Wenn Schweine igeln, dann zum Schein;
wenn Igel schweinen, kann es sein,
dass nur in einer Stachelhaut
sich einer schweinzuigeln traut.

59

Am meisten hasse ich den Floh!
Dies Ungeziefer quält mich so!
Dagegen das Geziefer weist
nur Gutes auf. Drum es so heißt.

60

Moskitos kann man leichten Sinns
verwechseln mit den Mokassins.
Wie's auch dem alten Gustav geht,
wenn er vor einem Gasthof steht.

61

Der Jaguar im Februar
vertilgt ein Steak mit Haut und Haar
genauso gern, es ist kein Scherz,
als wie ein Beeftartar im Mai.

62

Das Hausschwein klagt und zwar zurecht,
obwohl's ihm besser geht als schlecht.
Es wird geliebt, ja – gnadenlos,
als läg's schon in der Bratensoß.

63

Als hässlich fällt der Nacktmulch auf,

denn kaum ein Flaum wächst auf ihm drauf.

Wenn der auch noch sein Hemd verlör',

dann wär' sein Leben doppelt schwör.

64

Es schämt der Hund von Heinrich Kleist
sich, wenn er einen Haufen scheißt,
denn Heinrich Kleist, den er verehrt,
hat eines Bessren ihn belehrt.

65

Dem Marder gönne ich das Huhn.
Das hat mit Folgendem zu tun:
Der Marder mordet sehr diskret,
wo's Huhn mir auf die Eier geht.

66

Die Gäns', im Groß und Ganz gesehn,
sind, wenn sie dort im Acker stehn,
für'n Traktor schon im ersten Gang
bei Gegenwind ein leichter Fang.

67

Der Grizzly und der Lachs, oh nein,
die werden niemals Nachbarn sein.
Der Fisch schmeckt erst'rem viel zu gut,
als dass er ihn nur grüßen tut.

68

Das Virus, das Corona heißt
und uns in unsre Lunge beißt,
das sei – ja, so verriet es mir –
in Wahrheit nicht einmal ein Tier!

69

Die Dachsin wollte tanzen gehn
und dort nach Lebenspartnern sehn.
Sie parfümierte sich frivol
und gurgelierte mit Odol.

70

Gorilla möchte man gern sein.
Man setzt sich froh auf einen Stein
und trommelt mit den Fäusten sich
aufs Brustbein, schon klingt's ritterlich.

71

Wen, bitte, schreckt der Heuschreck noch?
Ja, wenn er *Heul*schreck hieße – doch
er *heult* ja nicht, er *heut* ja bloß.
Auch diese Sorge bist du los.

72

Wie majestätisch wirkt der Stier!

Wie ein Apostel scheint er mir.

Der Stadtbewohner fürchtet sich.

Am Schreibtisch sitzend, nicht ich mich.

73

»Du Affe!« ist ein Schimpfwort, drum
stellt er sich gern sprichwörtlich dumm.
Dabei ist er, vom Intellekt
betrachtet, durchaus aufgeweckt.

74

Mich rührt der Vater Skorpion.
Er sorgt sich sehr um seinen Sohn,
weil der ist rauschgiftsüchtig wor'n
und spritzt sich selbst mit seinem Dorn.

Der Rabe nervt mit seinem Ruf,
er sei viel mehr, als Gott ihn schuf,
sei klug wie jener Atheist,
der nachweislich ein Trottel ist.

76

Der Drache raucht nicht mehr, das heißt,
dass er stattdessen Raucher beißt.
Für Raucher gilt drum: Meide ihn!
Noch hängt er sehr am Nikotin.

77

Ist jede Kröte eine Krott?
Was für ein Unsinn, Sapperlot!
Die Schildkröte von Hans und Klaus
sieht wie ein halber Handball aus.

78

Kamele sind, das weiß man wohl,
nicht ganz und gar im Inn'ren hohl.
Sonst wären sie ein Wasserschlauch.
Sie haben auch Gedärm im Bauch.

79

Ich grüß' den Fledermäuserich
in finst'rer Nacht, und er grüßt mich.
Zwei Herr'n in Frack und Paletot
mit Blut am Zahn, die tuen so.

80

»Vor meinem Fenster sitzt ein Spatz.«
Bekanntlich fängt mit diesem Satz
der weltberühmte Thomas Mann
nicht eines seiner Werke an.

81

Vergessen ist der Säbelzahn,
der einst hing an dem Tiger dran.
Seitdem gibt er fürs Militär
maskottchenmäßig wenig her.

82

Die Taube dient uns als Symbol.
Doch fühlt sie sich dabei nicht wohl.
Sie soll andauernd friedlich sein
und wär so gern ein fieses Schwein.

83

Der Gerhard hockt fast jeden Tag
im Erker vor dem Taubenschlag.
Ich frag, ob er sich täglich frägt,
wann endlich ihn die Taube schlägt.

84

Einst lebte in Sibirien
ein Tier, das tat sehr frierien.
Ausstarb es in polarer Nacht,
bescheiden, namenlos und sacht.

85

Der Bauer schoss die Ente tot,
aus Spaß tat er's und nicht aus Not;
doch weil er an der Ente hing
er daraufhin in Rente ging.

86

Am allerwenigsten ist grau
von allen Tieren – wer? Der Pfau.
Sein Schnabel doch ist klein, weil er
sonst obendrein ein Großmaul wär.

87

Tyrannosaurus Rex, mein Gott,
was war der Kerl für ein Falott!
Dem amtlich schlechten Ruf zum Trotz
entzückt uns heut' noch dieser Klotz.

88

Libellen bellen nicht. Warum?
Sie sind im Wesentlichen stumm.
Wie kam das Bellen in sie rein?
Das weiß kein Schwein, das weiß kein Schwein!

89

Ich seh' die Laus auf deiner Stirn,
sie läuft erst her, dann läuft sie hin.
Sie gilt nach aktuellem Stand
als illegaler Immigrant.

90

Der Bücherwurm frisst den Roman
Der Untertan von Heinrich Mann.
Von Heinrich Heine das Gedicht
Denk ich an Deutschland frisst er nicht.

91

Der große, böse Stalin aß
zum Frühstück gern ein Ei im Glas.
Da saß dereinst im Glas ein Frosch,
den Stalin prompt zu Tode drosch.

92

Die kurze Lebenszeit vom Gnu
führt' meiner Meinung nach dazu,
dass grad drei Buchstaben, nicht mehr,
für seinen Namen halten her.

93

Die Küchenschabe schabt die Küch,
ich gebe zu, das ärgert müch.
Vor Ärg verstecke ich mich im
desinfektiösen Badezimm.

94

Bedenke, Haifisch, was du tust,
wenn du nicht rastest und nicht ruhst!
Sag, spürst du nicht den Wipfelhauch?
Du, Mörder wart, bald ruhst du auch.

95

Das Meer liegt still, die Muschel schweigt,
die Katze lauscht, die Grille geigt,
das Rind bedroht mit seinem Furz
die Atmosphäre, doch nur kurz.

96

Zu Ende ging ein langer Tag,
der müde Salamander lag
auf einem Stein im Sonnenschein
und wollt kein andrer Salam sein.

97

Die Schwalbe hetzt am Firmament
den Mücken nach, die sie nicht kennt.
Der Schöpfer hat's so eingericht' –
warum? Die Antwort weiß ich nicht.

98

Der brave Doktor Melchior
steht einsam vor dem Friedhofstor
und wartet, bis er sterben kann.
So ordentlich ist dieser Mann!

99

Dann stirbt er ordentlich und brav,
und über ihm ein dummes Schaf
frisst um sein Grab herum das Gras
und weiß von gar nichts irgendwas.

100

Und unten sind die Würmelein,
die kriechen in sein Bein hinein
und fressen es von innen leer.
Das kümmert Melchior nicht mehr.

2. Auflage
Copyright © Leykam Buchverlagsgesellschaft m.b.H. Nfg. & Co. KG,
Graz – Wien 2022

UMSCHLAGGESTALTUNG UND TYPOGRAPHIE: Christine Fischer
ILLUSTRATIONEN VON Lorenz Helfer
DRUCK: FINIDR, s.r.o.
LEKTORAT: Rainer Höltschl
PAPIER: Flora Avorio, Munken print cream
GESAMTHERSTELLUNG: Leykam Buchverlag

www.leykamverlag.at
ISBN 978-3-7011-8225-1

Klimaneutral gedruckt mit freundlicher Unterstützung durch
die Kulturabteilung der Stadt Wien und das Land Vorarlberg.